Chevaliers Templiers et Francs-Maçons :

Une filiation décryptée

Auteur : Fabrice François

*

* *

PROLOGUE

« La sagesse est brillante [...] elle se laisse trouver par ceux qui la cherchent. » (Livre de la Sagesse 6, 12)

La Franc-Maçonnerie est-elle la digne héritière des Chevaliers de l'Ordre des Templiers ? Poursuivis par le roi de France Philippe le Bel et lâchés par le pape Clément V, les Templiers ont-ils trouvé refuge en Ecosse ? Cette hypothèse a été formulée par certains historiens et dans les milieux ésotériques dans la quête des origines templières des Francs-Maçons.

Les Templiers ont-ils dès lors pris la direction de la lande écossaise au début du 14e siècle ? Pour fuir les persécutions auxquelles l'Ordre du Temple devait faire face à l'intérieur du royaume de France accusé d'hérésie, d'apostasie et de pacte avec le diable nommé Baphomet.

Les Chevaliers de l'Ordre des Templiers se sont-ils mélangés au sein de la population écossaise tout transmettant aux générations suivantes les secrets des Pauvres Chevaliers de l'Ordre du Temple de Salomon et de la Gnose templière ?

La Franc-Maçonnerie est-elle donc l'héritière authentique des ordres chevaleresques de l'époque des croisades avec un Ordre du Temple qui a survécu clandestinement dans le mouvement maçonnique en Ecosse puis en Angleterre ? Il est établi que la première loge maçonnique du monde voit le jour à Kilwinning (Ecosse) en 1598 situé sur le mont d'Heredom. Coïncidence ou suite logique de l'histoire maçonnique ? La piste écossaise est-elle une simple légende chevaleresque sur l'héritage ésotérique des Templiers transmis à la Franc-Maçonnerie spéculative ? Ou un chemin initiatique suivi par les Francs-Maçons pour suivre les traditions de la société templière secrète, hermétiste et occultiste de la Milice des Pauvres Chevaliers du Christ ?

La Franc-Maçonnerie doit-elle enfin sa puissance et renommée à la fin brutale de l'Ordre du Temple ? Les Chevaliers Templiers ont-ils puisé leurs connaissances secrètes en Orient dans le mysticisme des Ismaéliens et des confréries soufies de Jérusalem. Les Templiers sont-ils les ancêtres des « Fils de la Lumière » ?

*

* *

Chapitre I

Fuite des derniers Templiers en Ecosse et survivance cachée de l'Ordre du Temple

Lorsqu'il fut brûlé le 18 mars 1314, le dernier Grand Maître des Templiers, Jacques de Molay, savait-il que l'Ordre des Pauvres Chevaliers du Christ n'allait pas s'éteindre avec lui ? L'Ordre des Templiers au terme d'une longue procédure des commissaires pontificaux a été dissout par le pape Clément V en 1312 lors du concile de Vienne.

Quatre cents ans après le funeste épisode du bûcher, à l'époque de Voltaire et Rousseau, la survivance cachée de l'ordre du Temple persécuté renaissait dans des rituels chevaleresques des hauts grades au sein des loges maçonniques.

Naissaient alors après les trois premiers degrés (Apprenti, Compagnon et Maître) des loges bleues les degrés dits de perfection ou hauts grades du 4e degré au 33e degré selon les différentes obédiences. Leurs membres soutenaient en effet que plusieurs Chevaliers Templiers qui avaient échappé à la persécution avaient rejoint la lointaine Ecosse et avaient fait survivre leur enseignement jusqu'au 18e siècle sous le visage de la Franc-Maçonnerie opérative avant de devenir spéculative au fil du temps.

Le mythe de la survivance secrète de l'Ordre des Templiers s'écrivait ainsi durablement dans les loges. Dans le huis clos des temples, les Francs-Maçons ont restauré les secrets de l'Ordre du Temple.

L'Ordre des Chevaliers Templiers ne s'est donc pas complètement éteint au Moyen-Age. Les Templiers réfugiés en Ecosse ont fait perdurer leurs connaissances ésotériques au sein des loges maçonniques naissantes.

En 1314, en plein cœur de Paris, sur l'île de la Cité, le Grand Maître Jacques de Molay (22e et dernier Grand Maître de l'Ordre du Temple) vient de rendre l'âme sur le bûcher en brûlant dans les flammes. Deux ans avant, le pape Clément V avait dissous officiellement l'Ordre des Templiers qui avait pour mission de protéger les pèlerins se rendant à Jérusalem où se trouvait le tombeau du Christ. Durant 80 ans, les Chevaliers Templiers vont loger à l'emplacement même des ruines du Temple de Salomon sur le mont du Temple à Jérusalem.

Les 9 chevaliers fondateurs de l'Ordre du Temple, crée le 27 décembre 1118 en Palestine (le jour de la fête de Saint-Jean l'Evangéliste) vont entamer des fouilles sous le mont du Temple, sous l'actuel emplacement de l'Eglise du Saint-Sépulcre et le Dôme du Rocher près du mur des Lamentations ainsi que de la mosquée al-Aqsa.

Aux abords des lieux saints de la chrétienté, du judaïsme et de la religion musulmane, de 1118 à 1126, les Chevaliers Templiers ont donc procédé à des fouilles dans les ruines du Temple de Salomon.

A la tête des neuf Chevaliers Templiers, on retrouve Hugues de Payns et Godefroy de Saint-Omer. Dès lors, comment moins d'une dizaine d'hommes, fussent-ils courageux autant que braves, peuvent-ils vouloir assurer seuls la protection des pèlerins ?

Il faut savoir que les Chevaliers du Temple ont très peu bougé de ce lieu mythique et ont presque toujours marqué de leur présence l'endroit sacré. Neuf Chevaliers ne pouvaient pas objectivement protéger les routes de pèlerinage soumises au contact permanent de l'ennemi musulman, et cela sans procéder au moins recrutement de forces vives durant 10 ans.

Peut-il alors y avoir une autre raison secrète ou occulte pour que ces neuf Chevaliers soient demeurés dix ans sur l'emplacement même du Temple de Salomon ? Etaient-ils à la recherche dans ces ruines antiques de reliques, d'objets précieux ou autres savoirs ésotériques cachés dans des manuscrits, point de départ d'une quête mystique ?

Soulignons que l'édifice du Temple de
Salomon est au coeur de la métaphore
architecturale des loges maçonniques. Le
corpus initiatique, ésotérique et symbolique
de la Franc-Maçonnerie se réfère surtout
pour les loges bleues sur la légende et le
mythe de la construction du Temple du roi
Salomon.

En 1126, un événement d'importance se
produit : le fortuné comte de Champagne,
Hugues de Blois, répudie femme et enfants,
laisse tous ses biens et abandonne ses
pouvoirs. Il rejoint en toute hâte les
Templiers placés sous les ordres d'Hugues de
Payns, son ancien vassal.

Au retour de Hugues de Payns et des Chevaliers, est promulguée en 1128 la règle de l'Ordre du Temple lors du Concile de Troyes. Le Concile de Troyes rend officiel l'Ordre des Templiers et lui octroie une totale indépendance vis-à-vis du clergé séculier et des souverains temporels. L'Ordre des Chevaliers du Temple ne répond désormais qu'au Pape.

En 1291 survient la chute de Saint-Jean d'Acre et l'expulsion des chrétiens de Palestine, permettant au roi de France, Philippe IV le Bel, de donner le coup fatal à l'Ordre du Temple brisant au passage la puissance financière des moines-soldats au sein du royaume de France. Philippe IV le Bel ordonne l'arrestation de tous les Templiers le 13 octobre 1307 à 7 heures en les accusant d'hérésie et de magie avec les forces du mal et d'adoration de leur diable Baphomet.

La basse besogne est menée par la police royale dirigée par le chancelier Guillaume de Nogaret qui prépara l'opération dans le plus grand secret. Une des plus grandes opérations de police de tous les temps ! Presque tous les Chevaliers Templiers vivant au sein du royaume de France sont arrêtés manu militari ! Les moines-soldats ne font aucune résistance à ce vaste coup de filet, car ils respectent un de leurs règlements qui leur interdit strictement de lever leur épée contre tout assaillant chrétien... Pierre d'Aumont, maître de la Province d'Auvergne de l'Ordre du Temple, rassemble le soir du 18 mars 1314 sept Chevaliers Templiers (deux Commandeurs et cinq Chevaliers) qui n'avaient pas été emprisonnés. Ils enfilent des habits de simples ouvriers maçons et s'enfuient vers l'Ecosse sur l'île de Mull plus précisément... Jacques de Molay aurait réussi à transmettre à Pierre d'Aumont les secrets de l'Ordre du Temple avant leur départ précipité. A leur arrivée en terre écossaise, c'est le roi Robert 1er de Bruce qui les accueille.

Ces Chevaliers Templiers en fuite vont préserver et léguer en Ecosse l'héritage de la sagesse ésotérique de l'Ordre du Temple. Avant la transmission des arcanes secrets de leurs savoirs anciens dans les loges maçonniques, ils combattent aux côtés de leurs bienfaiteurs.

En 1314, les Templiers sont aux côtés des troupes écossaises réunies autour de 40.000 hommes et commandées par Robert 1er d'Ecosse. Les forces écossaises se dressent devant l'armée de 60.000 soldats dirigée par le roi d'Angleterre Edouard II. L'armée anglaise est repoussée aux confins de la rivière Bannock et des marais tous proches. Les Anglais vont s'embourber sur ce terrain.

L'Angleterre va perdre environ 10 000 hommes dans les combats. Le 24 juin 1314, jour de la fête de la Saint-Jean, la bataille de Bannockburn voit la victoire des Ecossais aidés par les Templiers.

Cette victoire se concrétise grâce à l'arrivée de troupes fraîches à cheval qui débarquent sur le champ de bataille. D'où viennent ces troupes ? Selon les historiens, les Chevaliers du Temple sont de la partie. Seuls des Templiers à cheval, même en petit nombre, ont pu engendrer la peur au sein d'une armée aguerrie comme celle des Anglais. Les soldats du Christ vont ainsi gagner l'estime et la reconnaissance du roi d'Ecosse Robert 1er. Il va créer pour eux l'Ordre de Saint-André du Chardon, communauté qui rejoint Aberdeen, puis ensuite Kilwinning où est ouverte vers 1598 la première loge maçonnique dite Ecossaise. L'existence de cette loge est évoquée dans la seconde édition des Statuts Shaw en date du 28 décembre 1599 qui régissent le fonctionnement de l'ensemble des loges écossaises...

Dans la bourgade d'Argyll implantée dans le nord de Glasgow en Ecosse, on peut encore trouver aujourd'hui dans le cimetière de nombreuses sépultures de Chevaliers Templiers et de leurs pierres tombales.

*

* *

Chapitre II

Le manuscrit écossais Sloane 3329, première référence faite à une franc-maçonnerie en trois degrés

Le passage d'une maçonnerie de métier - dite « opérative » - en cénacle d'initiés, appelé « maçonnerie spéculative » a été opéré en Ecosse. Alors que les corporations de bâtisseurs étaient en déclin, les loges ont vu s'asseoir sur leurs colonnes des « maçons libres et acceptés ». Ces derniers ont fini par établir des associations fraternelles où la philanthropie et la philosophie des Lumières côtoient les mystères et les secrets templiers occultes.

Les Templiers ont voulu en leur temps instaurer un monde nouveau, jusqu'alors inaccessible à l'esprit humain éclairé.

Les premiers Francs-Maçons d'origine écossaise ont alors puisé dans cet héritage ancien pour transmettre les enseignements de la Gnose templière à la confrérie.

La franc-maçonnerie est à l'origine d'une continuation secrète de l'Ordre des Chevaliers du Temple. Au coeur même de l'Ordre maçonnique des grades, des cérémonies et des enseignements se rapportent directement aux Templiers.

En effet pour fuir les persécutions dont ils faisaient l'objet en France, des Templiers ont fait le voyage vers la lointaine Ecosse. Pour rester inaperçus, ils ont adhéré à la confrérie des maçons dont les usages et où le secret était la règle centrale. Ce qui leur permettait d'être protégés. Ayant trouvé dans ce petit royaume du nord de l'Ecosse un territoire sécurisé, l'Ordre des Templiers a pu survivre dans la fraternité maçonnique, et ce, durant près de quatre siècles.

En adoptant la règle secrète de Saint-Augustin, les Templiers ont aussi laissé aux Francs-Maçons l'héritage de la fraternité construite dans l'unité communautaire et dans le désir de se perfectionner spirituellement...

Le sceau de l'Ordre du Temple avec deux cavaliers sur la même monture (le cheval symbolisant le voyage initiatique) représente entre autres la double nature de l'Ordre, exotérique et ésotérique, guerrier et monastique, ainsi que la double nature de l'homme, divine et humaine. Ou bien encore le lien indissociable entre l'Occident et l'Orient, et l'association ésotérique entre Jean le Baptiste et Jean L'Evangéliste, deux personnages bibliques placés au cœur de la Gnose templière...

Un dualisme symbolique, soit le corps et l'esprit, la maçonnerie opérative et la maçonnerie spéculative, le pavé mosaïque avec ses damiers noirs et blancs comme le sol du Temple de Salomon, mais aussi l'eau et le feu, l'eau et la terre, et le feu et l'air. L'Ordre du Temple exalte une philosophie de vie et la met en pratique. Il a pour référence la grande tradition de la Chevalerie. Mais à l'opposé du Chevalier qui réalise son œuvre tout seul de son côté, le Templier ou le Franc-Maçon œuvre à l'intérieur d'une communauté de frères qui agit dans l'intérêt de la société.

Un document écossais, le manuscrit Sloane 3329 rapporte l'existence vers 1700 du mot de maître; la première référence faite à une Franc-Maçonnerie en trois degrés ainsi qu'à l'Etoile Flamboyante. Le manuscrit est issu de la collection de Sir Hans Sloane (1660-1753), célèbre médecin et scientifique britannique qui fut porté par ses pairs à la tête du Royal Collège of Physicians.

Le manuscrit Sloane 3329 est la plus ancienne Instruction maçonnique d'origine écossaise avec les mots et des signes, salutations et serment des Francs-Maçons ainsi que le tuilage pratiqué dans certaines loges. Et cela, bien avant la fondation de la Grande Loge d'Angleterre à Londres le 24 juin 1717, jour de la Saint-Jean.

Dès janvier 1723, les Constitutions du pasteur calviniste écossais et presbystérien James Anderson mettent elles aussi en avant un lien de filiation entre Chevalerie et Franc-Maçonnerie. « *Les Ordres de Chevalerie Militaire et Religieuse ont emprunté dans la suite des temps plusieurs usages ou pratiques solennels de la vénérable Fraternité* » est-il écrit. Avec ces quelques lignes, Anderson expose, au sein même du texte fondateur de la maçonnerie spéculative, une relation directe entre Franc-Maçonnerie et Chevalerie.

Le Chevalier André Michel de Ramsay, né en

Ecosse, initié à la « Horn Lodge » de Londres en mars 1730, rappelle dans deux discours sur le plateau d'orateur en 1736 et 1737 au sein de la Loge « Le Louis d'Argent » à l'Orient de Paris que la Franc-Maçonnerie est liée aux Croisés. A la tradition des maçons opératifs, le Chevalier Ramsay rajoute une tradition chevaleresque qui a pour source les Chevaliers Templiers. Ces discours sont prononcés pour accueillir les nouveaux initiés. Le texte connu sous le nom de « Discours de Ramsay » va avoir une forte influence sur la Franc-Maçonnerie française du 18e siècle. Selon certaines thèses, la filiation écossaise est née néanmoins avant le Discours du Chevalier de Ramsay. La première Loge écossaise, la Loge Saint-Thomas, avait été fondée en 1726 par un stuardiste qui s'appelait Lord Derwentwater. L'une des Loges où le courant gallican trouva un terrain propice a été également la Loge d'Aubigny. Elle a été installée le 12 août 1735 dans le château de Louise de Kéroualle, duchesse de Portsmouth. Ce sont notamment ces mêmes premières Loges écossaises qui ont vu le Chevalier Maclean, baronnet d'Ecosse, nommé comme Grand Maître en 1735, et Charles Radcliffe, Lord Derwenwater, être désigné en 1736...

En 1750 en France à Poitiers apparaît pour la première fois le grade du « Chevalier Kadosch», et ce, avant même l'arrivée dans l'Hexagone du Rite écossais ancien et accepté (REAA) en 1804. Le mot Kadosch vient de l'hébreu « קדוש » qui veut dire sacré ou consacré.

Le premier rite templier fut introduit en Allemagne en 1755 par le baron Gotthelf von Hund (1722-1776) qui a appelé son ordre Rite de la Stricte Observance Templière. Hund affirme que la Franc-Maçonnerie puise ses racines de l'Ordre des Chevaliers du Temple de Salomon et que tout Franc-Maçon est en fait un héritier des Templiers...

Le Rite écossais ancien et accepté est aujourd'hui le plus pratiqué au monde dans les loges maçonniques. Il a fait son apparition en France au début du 18e siècle. Ce rite est composé de trente-trois grades. Le 30e degré du « Chevalier Kadosh » qui rappelle la vengeance des Templiers après l'exécution de leur Grand Maître, Jacques de Molay.

« Le Kadosch qui a, par son initiation, franchi les Portes de la Mort, et est revenu dans le Sanctuaire de la Vie, se doit de combattre toutes les Tyrannies, tous les Abus, toutes les Ignorances. Il est le milite, toujours debout, de la pensée libre, de la justice et du droit, de la vérité. » (Extrait du Livre d'instruction du Chevalier Kadosch)

Au 11e degré du REAA on retrouve aussi le grade de « Sublime Chevalier élu » ainsi qu'au 13e degré avec le « Chevalier de Royal Arche » et au 17e degré le « Chevalier d'Orient et d'Occident ».

Le Rite écossais rectifié date aussi de cette même période, mais il intègre six degrés. Le Rite écossais rectifié a donc trois degrés supérieurs, dont le 6e degré qui est celui du « Chevalier bienfaisant de la Cité sainte ».

Au Rite français avec quatre hauts grades se trouvent également le « Chevalier d'Orient » au 6e degré et le « Chevalier Prince Rose-Croix » au 7e et dernier degré.

Le « Chevalier Templier » (Knight Templar en anglais) est le plus haut grade du rite d'York, l'équivalent du 33e degré du rite Ecossais.

Les Templiers ont été initiés à Jérusalem aux secrets des bâtisseurs du Temple de Salomon qui ont fait des Francs-Maçons au sein des loges déistes ou adogmatiques des descendants spirituels en les initiant à la Gnose templière.

*

* *

Chapitre III

Gnose templière, de Jean le Baptiste à Jean L'Evangéliste, de Baphomet à la Sophia

Le terme de gnose est issu du grec gnosis, qui signifie littéralement « connaissance ». La gnose peut être aussi abordée en tant que concept philosophique et religieux où le salut de l'âme, pour se libérer du monde matériel, implique une connaissance du divin. Et cela, en passant d'abord par la Connaissance de Soi. Présentons ici les arcanes de la Gnose templière.

Saint-Jean l'Evangéliste était le fils de Zébédée et le frère de Jacques. Il était pêcheur sur le lac de Tibériade et était originaire du village de Bethsaïde. Il fut profondément touché par les paroles du Christ. Jean suivit l'enseignement du Christ. Il est également l'auteur dit du « Quatrième Evangile » pour le différencier des trois autres appelés « Evangiles synoptiques » ainsi que du « Livre de l'Apocalypse » ou « Apocalypse de Jean » et de trois épîtres.

Les Evangiles ont coutume de le nommer « le disciple que Jésus aimait ». Saint-Jean l'Evangéliste a été donc « le disciple bien-aimé » qui a reçu la doctrine ésotérique de Jésus.

Saint-Jean le Baptiste, fils de Zacharie et d'Elizabeth était un cousin de la famille de Jésus. Prophète et prédicateur, il annonce en Galilée la venue de Jésus le Messie. Il va baptiser Jésus puis il exhorte ses disciples qui le suivent à se mettre dans les pas de Jésus. Dans les Evangiles, on relate aussi sa décapitation. C'est Salomé en personne, la propre fille d'Hérode Antipas qui exige la tête de Jean le Baptiste sur un plateau !

Notons que Saint-Jean l'Evangéliste est fêté le 27 décembre, date située sur le calendrier non loin du solstice d'hiver. De son côté, la fête de Saint-Jean le Baptiste est célébrée le 24 juin au moment précis du solstice d'été. Rappelons que l'Ordre du Temple a été fondé le 27 décembre 1118 et que la Grande Loge d'Angleterre de son côté a vu le jour 24 juin 1717 à Londres...

La voie ésotérique représentée par l'Eglise de Saint-Jean l'Evangéliste se fonde uniquement sur la Connaissance (Gnose) de l'initié et ne se décrypte que progressivement par la pratique des rituels des saints mystères et dont l'Ordre des Templiers a été un fer de lance entre 1118 et 1314.

L'Ordre du Temple a cristallisé l'héritage secret de Saint-Jean l'Evangéliste pour mettre en évidence le lien ésotérique entre l'Orient et l'Occident, au-delà des formes, des rites et des différentes dévotions au cœur de la tradition primitive des origines de la vraie révélation Christique. Dans certaines obédiences ou loges maçonniques qui se servent de la Bible pour leurs travaux, le Volume de la Loi Sacrée est ouvert sur le prologue de l'Evangile selon Saint-Jean.

L'Apocalypse (venant du grec Apocalypsis qui signifie révélation) est le texte canonique de l'enseignement johannique. L'Ordre du Temple est donc intimement lié bien à la « Maison de Jean », nom porté par la Maison cheftaine de Jérusalem des Templiers... Un ancien document (la Charte de Cologne publiée en 1535) indique aussi que la « vénérable confrérie » des Francs-Maçons était désignée avant l'année 1440 comme « Frères de Saint-Jean ». Saint-Jean l'Evangéliste reflète toute la force de la tradition originelle et éternelle qui prend source dans la révélation christique non dissimulée, car à l'opposé de la pensée chrétienne de Pierre basée sur les simples émotions d'un apôtre, celle de Saint-Jean l'Evangéliste consacre avant tout l'Esprit Saint, le Verbe, le Logos, soit toute l'Energie occulte de l'Univers en relation avec le Christ

Solaire et victorieux, qui apporte la Lumière et donne la Vie. L'Ordre du Temple a également attaché une importance à Jean le Baptiste tout comme à Saint-Jean l'Evangéliste ; tous les deux étaient mis à l'honneur lors des solstices quand les jours recommencent à s'allonger ou à diminuer. (La mort dans ses vieux jours et douce de Jean l'Evangéliste s'oppose avec la mort soudaine et cruelle de Jean le Baptiste. On peut relever ici le symbole de la vie éternelle de l'Esprit à l'opposé de la vie courte et parsemée souffrances du corps). Les Templiers avaient ainsi symboliquement placé les deux Jean comme des points de passage obligés de l'initiation aux mystères anciens. Jean le Baptiste devant laisser sa place à Jean l'Evangéliste pour une « nouvelle naissance de l'Esprit » et l'accès aux connaissances de l'invisible aux confins de la quête du Graal. Le

Saint Graal est la coupe qu'a utilisée Jésus lors du repas de la Cène et où Joseph d'Arimathie a recueilli après le sang et l'eau qui s'écoulaient de la blessure au flanc du Christ due à la lance du centurion Longin. Le Graal est ici un objet purement symbolique : il permet de s'ouvrir aux mystères du christianisme primitif dévoilé et décrypté à l'initié. Sous forme de coupe, le Graal symbolise l'Arbre de la Connaissance et des Savoirs.

La quête du Graal représente aussi le voyage symbolique à la découverte de sa citadelle intérieure. Partir à sa recherche amène à une révélation personnelle de la Lumière de la Connaissance pour atteindre la Sagesse. Le « Baphomet » templier est ainsi la « Lumière de la Sagesse ».

Le Baphomet a été également au coeur des principaux chefs d'accusation en 1310 retenus envers l'Ordre du Temple et présentés aux commissaires pontificaux.

Car les Templiers étaient accusés d'avoir pratiqué un culte « démoniaque », dès lors non chrétien, les qualifiant comme idolâtres, ce qui ne pouvait que les amener à une condamnation à mort pour les moeurs religieuses de l'époque.

Précisons encore que le terme de Baphomet n'a jamais été prononcé par les accusateurs ni par les Templiers eux-mêmes lors de leur défense, mais seulement relaté par les adjectifs « baphométique ou bafométique ».

Si l'on se sert du code Atbash (chiffre juif connu comme le chiffre Atbash) pour le nom de la mystérieuse et fameuse idole templière à tête coupée (le Baphomet) l'on arrive sur le terme grec Sophia, qui veut dire « Sagesse ».

Ou en hébreu Hokmah, personnage féminin de l'Ancien Testament. En tant que Hokmah, cette dernière est la clé de la compréhension gnostique de la Kabbale. Au sein de la doctrine gnostique, elle se rapporte à la déesse grecque Athéna et à l'Egyptienne Isis - parfois dénommée Sophia.

En faisant l'objet d'une vénération, Baphomet représentait pour les Templiers le culte du principe de la Sagesse. D'autres pensent que la tête barbue de Baphomet est une référence à celle de Jean le Baptiste. Certains vont plus loin en associant les deux Jean et donnent une explication au mystère de la tête de Baphomet - souvent décrite dans les aveux sous la torture par les Chevaliers Templiers - comme une tête à deux faces avec une face vieille et barbue (Jean le Baptiste) et une jeune à l'inverse imberbe (Jean l'Evangéliste).

D'autres chercheurs, prenant le nom Baphomet, soit Baphé signifiant baptême et Meteos voulant dire initiation, ont évoqué l'initiation par le feu ou baptême gnostique, illumination de l'Esprit pour être initié aux mystères et aux secrets des Templiers.

Autre argumentation plausible à prendre en compte pour expliquer le mot de Baphomet est la similitude proche avec Mahomet, simple déformation du nom du prophète des musulmans. Car durant le temps les nombreuses croisades, les Chevaliers Templiers ont vécu pendant de longues périodes au Moyen-Orient où ils ont côtoyé les enseignements du mysticisme arabe auprès notamment des chiites Ismaéliens.

Le dualisme a profondément marqué l'Orient. Les Ismaéliens ont suivi certaines croyances de l'ère pré-musulmane. Ils considèrent « le mal non pas comme l'absence du bien, mais comme un élément du monde et de son créateur, lequel pourrait être une émanation d'un dieu ultime et inconnaissable ».

Les Ismaéliens n'acceptent que l'interprétation allégorique du Coran. Selon eux, le sens apparent des versets coraniques n'a aucune valeur. Ils ont revendiqué le sens caché des choses et non leur simple apparence profane.

Les Ismaéliens également appelés Chiites septimains (ou septimaniens) ont répandu progressivement leurs doctrines. La branche principale des Ismaéliens est celle des Nizari.

Comme les gnostiques, ils suggèrent que l'homme a en lui des parcelles de l'étincelle divine. Avec la connaissance secrète des initiés, ces éclats de divinité peuvent permettre à l'être humain de joindre le dieu inconnu.

Les neuf premiers Chevaliers Templiers des origines sont aussi entrés en lien avec des confréries soufies à Jérusalem et ont approché au plus près la mystique soufie Tasawwûf qui plaide ouvertement pour l'unité entre Dieu et sa création. Dans la conception soufie, l'approche du divin est réalisée par degré. Les rites sont ainsi inopérants si l'on ne connaît pas leur sens caché ésotérique. Seule l'initiation arrive à percer l'apparence des choses.

« L'homme est un miroir qui, une fois poli, réfléchit Dieu »

*
* *

EPILOGUE

« ... la lumière brille dans les ténèbres et les ténèbres ne l'ont pas saisie. » (Prologue de Saint-Jean, Quatrième Evangile)

Le lien spirituel, indissociable et authentique entre l'Ordre du Temple disparu soudainement au 14e siècle et la Franc-Maçonnerie fait partie du parcours initiatique du franc-maçon en quête de perfectionnement de son temple intérieur.

L'émergence de la Franc-Maçonnerie à partir de l'héritage chevaleresque des Templiers a ainsi pris naissance et source en Ecosse avant de gagner les loges d'Angleterre et de France. Les Francs-Maçons sont donc les dignes héritiers des Templiers.

Les Francs-Maçons ont aussi abandonné la dimension opérative de leurs premiers travaux pour basculer dans le décorum symbolique des loges. Et pour également plonger dans les arcanes de la Gnose templière et bâtir une confrérie ouverte sur les mystères de la Sagesse ancienne.

Cette coupe des Savoirs, Graal ésotérique et alchimique placée sous le sceau du secret, transmise au cœur du Temple de Salomon reconstitué durant les tenues, sert à atteindre le divin qui sommeille en chaque homme pour l'amélioration spirituelle et morale de l'humanité.

« Elevons nos cœurs en fraternité et que nos regards se tournent vers la Lumière ».

Pour un Franc-Maçon, la Connaissance, c'est la Lumière venue d'Orient pour éclairer l'Occident...

*

* *